Ryuho Okawa
大川隆

你不可不知的正確供養方法

引導心愛之人前往天國

你不可不知的
正確供養方法

contents

第1章

踏上前往來世的旅程

第2章 你做了這般錯誤的祖先供養嗎？

第3章 正確的供養讓故人和子孫都能獲得幸福

第4章

安度晚年須知

終章

前言

供養祖先，可謂是宗教的專長，然而現今出現了數個讓人擔心的事。

第一，世間一般習俗的供養趨於形式化，無論是僧侶或是故人的家屬，都沒有真正相信死後世界與靈魂的存在，所以這種形式上的供養是無法讓故人得到救贖的。

第二，日本自從「僧侶到宅供養」的宅急便服務誕生之後，宗教的權威掃地。

第三，因為不瞭解真正的宗教真理，有些宗教竟把供養當作商業手段牟利。這些進行錯誤供養的宗教，其實是製造惡靈的工廠。

總之，這裡面存在的問題實在太多。

我殷切希望人們的家中能常備此本良書，並且學習「何為正確的供養、何為錯誤的供養」。

二〇一七年　一月二十四日

幸福科學集團創立者兼總裁　大川隆法

序言　死亡並非永遠的別離

死別之時

死亡是無比悲傷，
亦讓人萬分不捨。
只要於此世有著生命，
任何生物皆希望能持續活著；

prologue

人亦如此。

想要持續活著，
卻總有一天會因疾病和衰老絆住，
被死亡使者帶走。

死亡，讓夫妻天人相隔，
讓親子無法相見。
就算頭腦能理解愛別離苦之苦，
但死別到來時，
依然會淚眼婆娑，痛哭不止。

佛陀教誨世人，
對親人之愛幾乎皆是執著，
佛陀的這般話語聽來甚是無情。

此世的生命走到盡頭，
與深愛的人別離是痛苦、悲痛、哀傷。
對此我亦明瞭，
屆時定是如此。
然而，在死亡面前人人平等。

prologue

將來世的再次相會，
做為心靈的慰藉吧！

與靈對話的供養實例

◈案例①◈

對死後兩週仍迷惑不已之靈進行訓諭

很多現代人無法理解自己死後會變成靈魂。以下的內容來自某位已過世兩週，但仍舊處於迷惑中的男性之靈，我對其進行了招喚，並試著引導此人進入靈性世界。（部分節錄）

大川隆法：本次的靈言我想探討一些一般常識，是有關迎接死亡要做哪些準

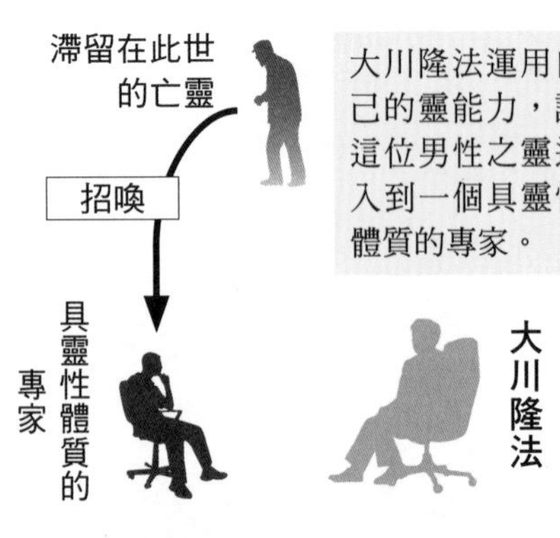
大川隆法運用自己的靈能力，讓這位男性之靈進入到一個具靈性體質的專家。

何謂「靈言」？

所謂的靈言，就是招喚靈界當中之靈，將其思想或話語表達出來的一種神祕現象。這只有高度開悟的人才能辦到，並且這與當事人失去意識，附身之靈單方面說話的「靈媒現象」有所不同。

備，以及啟程至死後世界之際，需要做好哪些心理準備等內容，希望能加深人們對於這方面的理解。

今天我想讓一位剛過世不久的靈與他兒子進行對話。我不甚瞭解這兩人間的糾葛，所以就讓他兒子自己向父親提問，我想此次對話的內容，對他人來說多少會有一些參考價值。逝者本人，你自己對於死亡，或者是死亡之後該往何處去，抑或是你有什麼罣礙、意見、想說的話，都請你自己說出來。

接下來，請你進入那一個人（具靈性體質的專家）的身體裡。

靈　人：嗯，我感覺到家人對我的死亡感到很悲痛。

大川隆法：你真的認為你自己「死了」嗎？

靈　人：嗯，怎麼說呢？「死亡」的定義還真是難啊！不過，現在我到了這個莫名其妙的地方，或許就代表我已經死了吧！雖然腦袋可以這般推測，但符合什麼條件才算是「死了」，我還真搞不清楚。

大川隆法：我知道了，但你是不是有什麼不滿啊？

靈　人：嗯，我覺得我這一生裡，在子女教育上好像有點失敗。該怎麼說呢？「兒女總是不知父母心」，我對這句話實在很有感觸。

首先，從兒子選擇大學的時候，就埋下了失敗的種子。我本來想以有個菁英兒子為榮而死的，原本我是希望他能進入背負著日本經濟命脈的大企業工作。

大川隆法：但是，不管公司多顯赫，人死之後也不能帶往死後的世界。公司可不是「死後世界的神殿」，有很多公司會被轉賣、併購，人不可能一輩子都待在公司。

諸行無常，此世所有的東西，終究要易手他人，也會被替換、重建，就算執著於此也是無可奈何。

「能帶回到來世的唯有『心』」，就如同這一個教誨，最後人就只會剩下「心」而已。

從世間畢業後，有著「來世的入學典禮」

靈　人：嗯，這個我們就不說了。對了，有很多像我這樣的人嗎？

大川隆法：那可是非常多啊！你並不是特例，這樣的情況其實非常普遍。有很多在醫院過世的人還繼續留在醫院，在醫院裡面到處徘徊。

靈　人：那可真是……。這些人要怎麼辦才好呢？

大川隆法：所以說，現在需要傳播正確的宗教，並且教化世人。

靈　人：嗯，這可的確讓人吃驚。

大川隆法：乍看之下，有人會覺得一旦回到了來世，世間的修行就變得沒有意義。然而，當人回到來世，生活一段時間、經歷一些事情之後，就會知道在世間學習到的東西，會在某種意義上派上用場。

在今生，你所累積的「知識和經驗」、你所經歷的「苦勞與忍耐、努力」，以及「你對他人的指導」等等，等到你習慣新的世界的生活後，那些都會為你靈魂增添力量。所以說，你現在還體會不到這一點，現在的你是一個「小嬰兒」，你現在正處於必須以升上小學一年級為目標的階段。

靈　人：我都是一個老頭子了，還必須再做一次「嬰兒」嗎？

大川隆法：是啊！你需要重新出生一回。世間的「畢業典禮」之後，在來世還有一個「開學典禮」啊！這是毫無疑問的。

你的肉身已經被火化了，你無法再次回到這個世界了。

靈　人：嗯。

大川隆法：想要再次來到這個世界，你只能做為一個嬰兒寄宿到一名女性的腹中才行。

然而，在你變成嬰兒再次出生於這個世界之前，希望你能在靈界學習何謂真正的世界、真實的世界，並且再次重新審視你的人生觀。此外，或許你還有責任去引導在世間過著錯誤人生之人。

即使是像你這樣拚命賺錢的商社職員，日後也有可能會下地獄，所以若是此人做錯了，你必須及時點醒他。

靈　人：是嗎？那麼我要先回到天上界，對親友們盡到教導的責任？

大川隆法：是的，你得去引導你的同事和後輩才行。

◈案例②◈

來自亡夫的愛的訊息

有一位女性，她的丈夫三年前去世了，她正為今後的人生而苦惱。「丈夫現在過得好不好呢？」我告訴了她於靈界的先生傳來的話語。

我於二〇〇七年七月底到八月初去了英國。在停留期間，從倫敦飛往愛丁堡，住了一晚。

當時是一位四十歲左右住在愛丁堡十幾年的日本女性當我的導遊。

她非常喜歡一九七〇年代時曾在日本流行的愛丁堡某樂團的歌

曲。她被這些歌手和他們的時髦打扮吸引而來到了愛丁堡，並就此定居下來。之後，與一位蘇格蘭人結了婚，從事導遊的工作已經有十多年了。

我問她：「妳的丈夫呢？」她回答：「三年前就過世了。」她在車中告訴我：「我還住在和丈夫一起住過的家裡。因為有導遊的執照，所以至今仍在從事目前的工作。但已經過了三年了，我很徬徨不知道今後該怎麼辦？」

「我在另一個世界過得很幸福喔！」

她知道我有靈性能力，我也感覺到她想要問我她先生的事。

因此，我向她傳達了她先生的話語。

「妳先生很高興地說著：『回到天國後，非常地快樂啊！』似乎他生前和妳的婚姻生活是很幸福的啊！」

「是啊，就是因為這樣才難以忘懷，他是一個很好的人！」她點頭如此說道。

「妳丈夫說：『我在這裡快樂地生活著，妳可以安心了。已經三年了，不用一直守著那片土地，妳已經自由了。妳還年輕，去找一個好人吧！回日本也可以，待在這裡也行，怎麼樣都可以，去找一個好人吧！以前我和妳的婚姻生活，真的是非常快樂、開心！』」

「他真的是那麼說的嗎？」她非常高興，彷彿就是期待著聽到這樣的話。

她的先生說著：「已經可以了，我在這邊的世界過得很幸福，也交了朋友，很是快樂。所以妳也讓自己自由吧！不要再對我執著了，去找一個妳喜歡的人吧！」她先生確實是個好丈夫。

四十歲左右不到，這個年齡的確是能夠再找一個好伴侶的，若是能得到先夫的許可：「去找個好人家吧！」這確實是件好事。

當我再跟她說：「妳先生還說：『我已經回到天國生活了，妳不用再幫我守墓了！』」她聽到之後，喜淚交加。

儘管我思忖著「她是不是把我誤認為電視裡常出現的靈媒」，但實際上我也的確知道她先生的靈在想些什麼，所以才進行了轉達。

第 1 章

踏上前往來世的旅程

1 首先若不相信有來世，則無法進行供養

現代僧侶們無法回答「人死之後的問題」

二〇一一年日本發生了東日本大地震，當時日本東北地區大約有兩萬人遇難身亡。各路義工進入災區，幫助災後重建以及撫慰人心、提供糧食和物資。此外，進行反核運動的人們也前往災區，救援活動以各種形式展開。

其中一種救援活動雖然規模不大，但被視為一種美談，常常登上了媒體版面，那就是「東北地區的寺院和尚們，架設了類似簡易咖啡

廳的帳篷，免費提供受災群眾咖啡，並且聆聽人們的傾訴，撫慰人們的心靈」。

然而，有很多倖存者向和尚們問道：「不知道我已過世的親人現在怎麼樣了？最近常常夢到他」、「我在海邊看到了很多幽靈」當僧侶們被問到這樣的話題時，腦袋就立刻停止思考，變得無法應答如此內容。甚至有很多和尚的回答，是類似醫院精神科醫生所講的內容。

對於這樣子的僧侶，我很想直白地質問：「你們真的相信靈魂的存在嗎？」

如果身為僧侶，就必須要能講述「拯救靈魂」的話語，這即是僧侶原本的使命。

但是，當有人問道：「被壓死在房子裡的人，現在怎麼樣了？突如其來被海嘯捲走的人、因漁船翻覆而淹死的人，他們現在怎麼樣了？」這些僧侶可能都不知該如何回答。

就此我感覺到「現代佛教救濟力的不足」。

現今佛教的寺院，常被人稱為「觀光佛教」。平時僧侶們帶人參觀古老的寺院建築，收取門票和香火錢，進而得以生存。一旦必須直接面對「人的死亡」時，僧侶卻無法為人們解惑。

逝去之人若是身陷迷惑，多半會在自己的親人、自己家中或是職場周遭徘徊。因此，如果僧侶能為逝者的家人及參加葬禮的親友講述佛法真理的話，除了迷途之靈也能一起聆聽外，透過聽見親人之間的對話，也能理解自己的處境。藉此，迷途之靈就有機會能獲得拯救。

不了解真相的人，就無法理解自己的死亡

如果生前強硬地拒絕相信有靈界和靈魂的存在，那麼此人死後就無法接受自己已經死亡的事實。

「這一定是哪裡出錯了！我到底是在做夢還是出現幻覺了？是不是大家都在演戲呢？是有隱藏攝影機在拍我有什麼反應嗎？大家都在騙我嗎？」此人會如此疑惑地自言自語，怎麼也不相信自己已經死了。

我在以前上映過的動畫電影的開頭，就描述了這樣的場景。

那是一個關於自殺者之靈的故事。一家報社知名記者，因為誤報了政治家的瀆職醜聞而自責不已，最後跳下月臺自殺。但是他死後變

成了靈魂，怎麼死也死不了。這個呈現支離破碎之姿的靈魂，徘徊在月臺附近，還試圖把女主角拉進地鐵的軌道上；這般情景出現在電影的開頭。

就像這樣，即便看起來在世間獲得了不得了的成就、看似活躍於社會的菁英人物，但是不知道死後真相的人，就無法客觀地理解自己死後所遇到的狀況。

如果從來沒聽過死後的世界或者死亡是怎麼一回事，抑或是從沒打算了解這方面的事，再或者就算有人提起，自己也拒絕聆聽，甚至深信那些言論都是騙人的，這樣的人死了以後，真的是會變得非常難以拯救。

然而，在幾十年的人生裡，每個人真的都會遇到多次覺醒於真理的契機。

2 釋迦牟尼對幼子夭折的女性如何諭示

在供養祖先之前，有必要先思索人死亡究竟是怎麼一回事。

距今二千五百多年前印度釋迦牟尼的時代，在祇園精舍的所在地「舍衛城」，有一個叫迦沙喬達彌的女性。

有一天，這位女性的幼小兒子過世，她痛心疾首，瘋也似地不知該如何是好。

但是她知道釋尊在祇園精舍，心想能得到幫助，於是就抱著兒子的遺體前往精舍，並對釋尊說著：「釋尊啊！我可愛的孩子死了，我沒做過什麼錯事，不應該發生這種事情。他本來可以努力地慢慢長大，可是他現在卻死了，世上怎麼會有這樣不慈悲的事啊！難道沒有神也沒有佛了嗎？求求您讓他活過來吧！用您的神通力，讓我的兒子復活吧！」

當時，釋尊並未直接拒絕她說：「這個我做不到。」而是說：「好，我明白了，我可以讓他復活，但是有一個條件。妳去城裡走一趟，並且從家中不曾出現死者的人家裡，蒐集芥菜種子來。種子蒐集好了，我就讓你的兒子復活。」

迦沙喬達彌聽了這話，覺得這個很容易做到，心想哪家會沒有芥菜種子呢？於是，她回到城裡一戶一戶地敲門求取芥菜種子。然而，種子確實家家都有，但是沒有出現死者的人家卻是一戶也沒有。不管敲開誰家的門，總會聽到「我家的父親死了」、「我家的孩子夭折了」、「爺爺過世了」、「奶奶去世了」，這些人的家中都有某位親人過世。芥菜種子家家都有，但沒有一戶人家沒出現過往生之人。

於是她回到山上，對釋尊說：「我挨家挨戶地敲門，芥菜種子家家都有，但沒有經歷過死亡的家庭卻沒有。整個舍衛城裡沒有一家是符合條件的。」於是釋迦牟尼便說：「迦沙喬達彌啊！看來妳明白了。就像妳說的，沒經歷過死亡的家庭是不存在的，家家戶戶都有人曾經死去。不管是什麼人，總有一天會離開這個世界，這便是世間的無常。正因為生活在這無常的世間，人才必須要從中覺悟。藉由覺悟，即可生活在這無常的世間中，了解到什麼是真正的幸福。」

因如此緣份，迦沙喬達彌出家進入了釋迦教團；這是佛教裡一個有名的故事。

就像這樣，自己的親人過世、孩子夭折，這種種的死別，的確會讓自己感覺到身陷不幸之中，但實際上，就如同這迦沙喬達彌的故事，沒有任何一戶家庭不曾出現人身故的。不管是哪個家庭，都絕對會經歷家庭成員的死亡，必須要認清這個事實才行。

這即是有關供養祖先的起源的故事，人皆有一死，雖然先後順序沒有一定，但通常都是按照年紀的順序，一個一個死去。

3 人死之後會變成怎麼樣呢？

一般人是無法自覺到自己已經死亡

靈魂並非會隨著肉體死亡而消失，人死後靈魂會離開肉體，啟程前往靈界。但一般情況下，人很難意識到自己已經死亡。當然，有些靈魂在死亡當天就會離開肉體，但通常情況下一般人都難以即時意識到自己已死。因而此人會認為自己仍在生病，靈魂遲遲不離開肉體。

當周遭的人們說著「已經過世了」，此人會覺得「我還活著啊！在胡說八道些什麼啊！」

有時，醫生為了確認此人已經死亡，會翻開其眼瞼並用手電筒照射瞳孔，此時此人會說：「在幹什麼啊！太刺眼了啊！」但檢查的結果，的確是「沒有反應，瞳孔已經放大」。

或者是當被斷定「心臟已經停止跳動」的時候，此人還會用手摸自己的胸口，並認為自己還有著心跳。

其實這是因為心臟的靈體還在跳動，所以此人會感到訝異「真是奇怪！我的心臟明明還在跳動，為何說沒有在跳了呢？這個醫生嚴重誤診了吧！還說什麼腦波也停止了，我的大腦現在不還是在運作嗎？在胡說些什麼啊！」

就像這樣，通常人們會以為自己還活著，沒有自覺到自己已經死亡。並且，一開始靈魂會以和肉體一模一樣的樣子出現，所以更會覺得周遭人們的反應異常。

靈魂離開肉體之前的樣子

一般而言，靈魂與肉體分離，須經一至二天左右，所以心臟、腦波雙雙停止的階段，仍不算是真正的死亡，因靈魂尚存於肉體之中。

傳統上，在靈魂尚未離開身體之前，不能將遺體火化。若非經過一段時間的「守靈」，不能將遺體送往火葬場火化，因為靈魂尚未離開身體。

靈魂脫離肉體時，靈魂的上半身

靈魂離開肉體之前的樣子

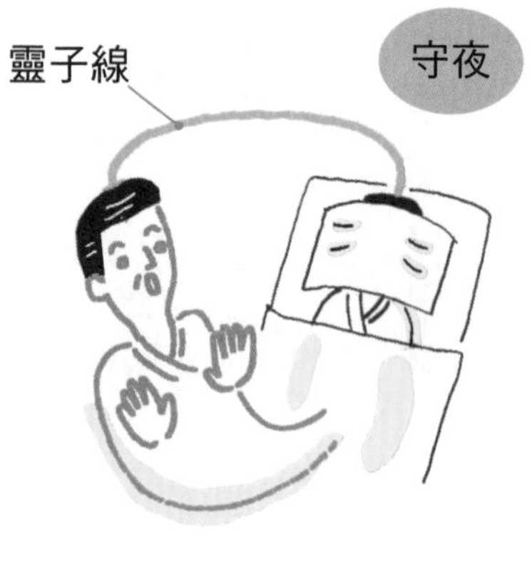

會慢慢浮起，接著整個靈魂緩緩飄離肉體，經過一段時間，靈魂終於像金蟬脫殼般，浮在空中。

此時，有一條從頭部連接靈魂與肉體的線，這稱之為「靈子線」。當這條線還連著的時候，還不算完全的死亡。當靈子線完全斷掉之際，才代表此人完全地死亡。

離開肉體後的靈魂，看到為自己舉辦的守靈、葬禮以及火葬場火化的景況，儘管心中疑惑著：「我的相片怎麼會掛在葬禮儀式上？」也應該大致明白「我似乎真的已經死

了」。

此外，每個人都有一位守護靈，此時守護靈會前來迎接，並懇切地告知「你已經死了」、「別再留戀世間，存有執著」，並指引靈魂前往該去的地方。

在靈界中每一個人皆被重視

死後，靈魂從身體脫離，穿過隧道進入光明的世界，再穿過花田來到冥河前。在日本，很多人看到的是河，也有人看到的是湖；而在

瑞士，則不是渡過冥河，而是越過山嶺。就像這樣，會出現各種各樣的場景，屆時就需要某種引導。

靈界當中，有很多人在從事引導的工作。越是看到那實景，就越會感覺「來到靈界當中的每一個人都很受到重視啊！」

世間有六十億以上的人口（二〇一七年出版當時），每天都有人因事故或疾病死去，而這些事都會準確地傳達到靈界，與此人相關的人就會前來引導。且值得慶幸的，不僅是此人的親人朋友會前來，宗教的相關人士也會前來。某一個人的死訊，靈界當中會有很多人知道。看到這些，就會感到「每個人都很受到重視」。

映照出過去的「照魔之鏡」

一般人在渡過冥河之後，在清算生前種種之前，也就是前往天國或地獄之前，會前往一個中間地帶。在這個地方，有一面可以映照出過去種種的螢幕，以現代的語言稱之為「螢幕」，過去的人則稱之為映照出過去的「鏡子」。

和靈界的人對話的過程中，會發現他們通常把這面鏡子稱為「照魔之鏡」，這是一面可以照出生前所做的惡業的鏡子。

在這面鏡子上，會播放自己生前幾十年的生涯，也就是你的個人故事。

從世間來說，上映的時間真的很短，感覺上大概是一個小時左右。

從你出生之後，各個重要的片段、各個轉捩點的樣子，從你的意識來看，你會感覺到好像是在看各個時期的照片。

從出生到幼小時期、小學、中學、升學、畢業、結婚、謀職、換工作、離婚、破產、重新來過、孩子長大、孩子死亡等各種階段，會出現各種畫面。

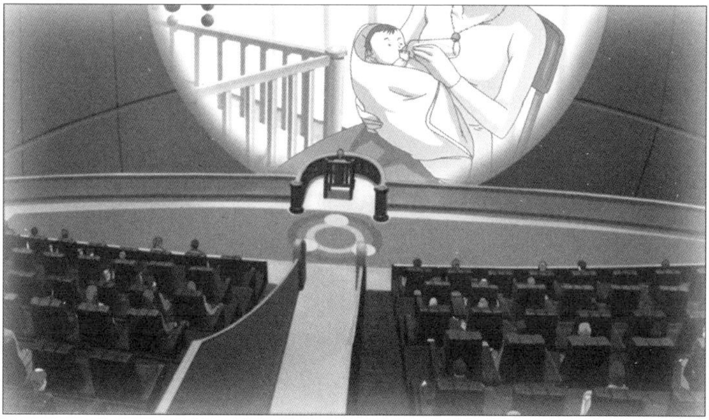

人死後回到靈界後，會透過影片觀看自己從出生到死亡的自己的人生（動畫電影《永遠之法》大川隆法監製、2006年上映）

螢幕上會接連出現自己所經歷的各種場景，而你在那些情況下，心中想了什麼？如何克服的？這些全部都會被映照出來。

觀看「人生影片」，決定死後的去向

其實觀看這個影片，對大多數的人來說，都會感到很討厭的。因為播放的內容，大多是不想要讓他人知道，自己會感到害羞的場景，那些想要讓他人觀看的內容，其份量倒是不多。

那些希望能得到他人褒獎的場景，幾乎不會被播放出來。反倒是生前自己精心策劃，希望能得到他人褒獎的那種心念會被播放。

就像這樣，自己是怎麼樣的人，會透過這影片被看得一清二楚。

並且，在這「人生影片」播放之際，和自己有緣之人、有關係之人及朋友，會紛紛聚集而來。若是上了年紀而過世之人，那麼就會出現比自己早先回到靈界的人們，總之會有很多人前來觀看。

當影片結束之後，自己觀察觀眾的反應是興起掌聲？還是表情沉重？自己便能大致了解自己之後該往哪個世界前去。

換言之，自己生前於世間的人生態度，決定了日後自己該去靈界的哪個地方。

今生抱持著何種人生觀，通常即決定了死後是前往天國，還是前往地獄，或者是兩個地方都去不成，在世間徘徊。

是否接受靈性人生觀，對人生的影響十分巨大

從這層意義上來說，靈界是一個非常公平的世界。

這世間，有很多不公平的事。有些人拚命地努力奮鬥一輩子，但最後也沒有什麼回報，也有些人輕易地就取得了成功。世間當中會出現各種各樣的情形，但回到死後的世界，都會得到相當公平的判定。

神、佛所創造的世界，絕不會無視此人過得是何種人生。

在世間過得很辛苦，或許會有人覺得自己「活得很不值」，但如果那辛苦是正當的，那麼在死後的世界必然會得到回報。另一方面，在此世過得很輕鬆，即便自己覺得「一切很順利」，但如果那輕鬆是透過投機取巧而來，那麼在死後就必定會被要求反省。

這就是真實的世界觀，不分宗派、宗教、無論東西方，都是被全世界所認同的想法。

是否接受如此靈性人生觀，接受或不接受之人，往後的人生將會出現巨大的差異。

對於抱持如此靈性人生觀的人來說，每天的工作和生活都成為了學習之地。

另一方面，對於難以相信如此人生觀之人來說，他們會認為萬事皆是連續的偶然。他們認為「反正死後不知道會變成怎樣，想這麼多也是白想」，然而其結果會讓他們感受到重大的「後座力」。

對於如此說法，就我近三十年的經驗來看（二〇一七年出版當時），那是毫無懷疑餘地的。

point

■如果身為僧侶，就必須要能講述「拯救靈魂」的話語，這即是僧侶原本的使命。

■即便看起來在世間獲得了不得了的成就、看似活躍於社會的菁英人物，但若不知死後真相的人，就無法客觀地理解自己死後所遇到的狀況。

■靈界當中，有很多人在從事引導的工作，來到靈界中的每一個人都很受到重視。

■前往靈界之後，會觀看自己的「人生影片」。決定自己於來世前往何處，是自己生前的人生態度。

第2章

你做了這般錯誤的祖先供養嗎？

1 幸福或者不幸的原因在於自己

將自己的不幸歸咎給祖先的供養是錯誤的

在供養祖先的問題上，常常可聽到以下的煩惱：「因為家中有人生病、意外受傷、事業或考試的失敗等等不幸，去問某些『老師』或『宗教』，得到的答案是『祖先未能得到超渡』。」

大部分的情形，都會被說是四代以上的祖先還在地獄中，「正是因為這個原因，你才會發生不幸，只要好好地供養祖先，運氣就會轉好」。這就是以供養祖先為生的宗教，常用的說法。

即便是說祖先，有時第二代或第三代以前的人還活在世，第四代以上的人應該都已經死了，所以他們才常說是四代以前的祖先正陷入迷惑當中。並且，把不幸的原因都推給祖先，並說著：「只要對陷入迷惑的祖先進行供養，你就能夠幸福。」

這種說法，可以對應各種前來諮詢之人的煩惱。只要對所有抱著煩惱的人說「你家當中有尚未超渡的祖先」就好了。不管是四代之前、十代之前，還是二十代之前的祖先，前來諮詢的人根本都不知道。因此，只要把責任推給幾代之前的祖先，就有理由可以收錢了。

當我看到這種「生意」在各地風行的情形，我不禁感到愕然。其中的確真的有正陷入迷惑的祖先，但即便是這樣，基本上沒有祖先會積極想傷害子孫的。

不過就像溺水之人，看到漂來了一根蘆葦也想抓住一樣，真的不知道該怎麼辦的祖先，有時就會找上子孫。然而，即便是如此，那也並不表示他們是要積極地傷害子孫。

他們是因為不知道何為正確的人生態度，進而才陷入迷惑。他們不曉得自己犯錯的理由，也不知道自己為何會陷入痛苦的理由。因此，在供養祖先時，告訴他們那些原因是很重要的。

他們生前都是隨著自己想法而過，死後進到了一個自己意想不到的世界，進而不知該怎麼辦。但此時若是又在子孫周遭作祟的話，其

罪惡就會更為加重，痛苦就更加沉重。

為了能真正做到供養祖先，讓他們能從苦海中浮起來，於世間的子孫除了要經常抱持著對祖先的感謝之心，還必須教導祖先正確的人生觀、充滿光明的人生態度；這就是供養祖先的前提。

你是否以供養之名行奪愛之實？

子孫想要供養祖先的心念，如果是出自於愛念的話，那就沒問題。然而，有些人供養祖先的目的，是為了自己想要獲得拯救。

譬如，當自己碰到「學業不佳」、「事業不振」、「戀愛失敗」、「孩子出狀況」等問題時，就會懷疑是不是因為祖先在作祟所導致，為了自己的幸福，進而拼命地供養祖先。

供養祖先本來應該是種無條件的「施愛」，但子孫這一方為了自己在世間能過得順遂，希望祖先不要從中作祟，進而進行供養的話，就很容易變成「奪愛」的供養。

其結果，就會出現不會反省之人，供養者與被供養者變成同質之人。

若是被供養的一方是回到了天國的話，那還不會出問題，但若是祖先在靈界變成了惡靈，陷入迷惘狀態，子孫再以私欲之心進行祖先供養的話，雙方幾乎會變成同質之人，進而完全地相通。

焚燒護摩木無法讓祖先獲得拯救

這個道理我打個比方，可更便於讀者理解。假設有一個父親背負著巨大債務，而兒子自己也背負著自己的巨大債務。試問，這個背著債務的兒子，能夠償還父親的債務嗎？答案應該是否定的。然而，如果這個提問變成「兒子事業成功且坐擁財富，他可以償還父親的債務嗎？」答案就自然變成是肯定的；這就是祖先與子孫的關係。

「祖先未得超渡」、「祖先在地獄受苦」，就等於是背負著債務一樣，祖先們背負著這種在世間所留下的精神債務。

為了償還這個債務，要子孫來供養，讓自己得以回到天國，但若是子孫本身即是過著如惡靈附身般的混亂生活，即代表子孫本身也是處於「負債」的狀態。本身負債的人，是無法替人還債的。如果想要替人還債，自己必須有所積蓄才行。只有自身豐盈，才有替人還債的本錢。

而這個「豐盈」指的是「於今世所累積之德」，指的是「每日基於佛法真理修行」、「累積光明之德」、「積蓄光明」、「累積於天國倉庫的財富」。有了這些積蓄，才可將光明迴向、投射給身處痛苦的人；這即是供養祖先時的正確想法。

因此，焚燒護摩木無法讓祖先得救。尚在世間的子孫及與故人有緣之人，多多積德才是要務。

判斷一個宗教是否正確的方法，即是觀察該宗教是否對於在世間修行之人，正確地教導如何進行反省、正確地教導要自負責任。

因此，對於經常鼓吹供養祖先的團體，請檢視這個部分。如果這個宗教總是說著：「如果祖先過得差，自己就無法幸福；祖先過得好，自己就能幸福。」那麼這個宗教就是徹底地錯誤。

2 祖先陷入迷惑時的注意點

祖先陷入迷惑的原因在於祖先自身

如果各位抱持著愛與慈悲之心來供養祖先，那是再好不過了。然而，祖先陷入迷惑時，其原因絕非在於子孫，請各位務必要知道這個原則。

之所以墜入地獄，必定是此人生前的人生態度有問題。因為心念和行為出了問題，所以才會墜入地獄，務必要知道這個前提。若不知這個前提，即便一味地拼命供養，祖先也絕對不會察覺到自己犯下了過錯，進而將自己的不幸歸咎於子孫。「都怪你們不給我修一個氣派的墳墓，所以我才這麼辛苦」、「都怪買這麼便宜的佛壇，我才如此痛苦」、「牌位立得不好」、「沒有給我取一個法名」；祖先會對子孫這般找碴刁難。但那些理由都是藉口，沒有人能因此而獲得拯救。

因此，必須要先教導各位這個前提。「都怪你們，墳墓修得太差啦！」如果這樣想，就意味著祖先自己不須承擔任何責任，完全是子孫的責任。於是，祖先就會時不時地冒出「懲罰一下這些不肖子孫」

的想法，各種愚蠢的行徑隨之而來，這便是所謂的給子孫找麻煩的祖先；這麼做真是大錯特錯。

「基於生前的心念和行為，進而決定了是上天國還是下地獄。如果你墜入了地獄，那麼表示你必須要自己負起責任」。必須要把這一點告訴祖先才行，聽起來或許感覺冷漠，但其實不然，這才是愛的體現。

祖先作祟的例子

此外，若家中成員出現了已過世的親人的特徵，那就表示「親人的靈來了」。

譬如，父親生前喝酒後就性情大變、脾氣暴躁、亂摔家裡的東西、拿刀追著人跑，各種奇怪的行徑都做過。而他的孩子們明明不會這樣，但是父親死後不久，兒子也出現了同樣的情形，喝酒後會像父親那樣大鬧。這種情形，幾乎可說就是死去的父親陷入迷惑中。

還有一種情況，譬如父親、叔伯輩，或母親、姨媽姑媽等至親長輩，生前在情感上有很多問題，換言之就是男女之間強烈的愛恨情仇，這就會製造出很多地獄，給家人添很多麻煩。這樣的長輩過世之後，過了一段時間，其兒子、女兒常會發生相同的情色問題，導致家庭破裂，愛恨情仇的劇碼繼續上演。

這樣情況，絕對是未能回到天國的祖先之靈，在暗地作祟所致。

附身在女兒身上五年之久的父親亡靈

在我覺醒於靈性能力之後，大概在我三十歲的時候，曾與一位年輕女性進行面談。她對我說：「五年前家父在交通事故中去世了。」她說完這句話不久，我就看見了她父親之靈附身在她的背後。

之後，她父親之靈來到我這邊，我花了大概一個小時去說服他，但這個人仍舊處於當時遭逢交通事故時的極度痛苦狀態。

被這樣的靈附身，其女兒也是很不好受，無法過正常的生活。這位女性並非是靈能者，雖然幸好她無法直接感受到自己被附身，但被這個身處極度痛苦的父親，緊緊附身在後腦勺，帶著到處走，總會帶給他人不舒服的感覺，想必她的靈感也會變得很糟吧！恐怕人生也會朝不幸的方向前進吧！

我和她死去的父親進行了對話，他遭逢交通事故而死時，因為是一瞬間的事，所以完全沒有任何心理準備，既不知道日後家人該怎麼辦，自己的工作也有很多未竟之事。他就是在毫無準備的情況下，突然橫死。

車禍時頭部受傷，流了很多血，一直覺得「好痛苦啊！好痛苦啊！誰來救救我啊！」他就在這樣的狀態下過了五年。

如果是學習過幸福科學真理的人，就會知道死後變成了靈魂，不會那般痛苦，也不會流血。對於抱持這般覺悟之人，眼前就會展開那般的世界。

然而，對於那些堅信「這個身體就是我」的人，當遭遇車禍，身體被撞得四分五裂，此人依然會百分之一百地堅信這個支離破碎、流血不止的身體就是「自己」。

因為疾病或事故而死之人，死後就會停留在那個狀態中。頭骨破裂的、受傷的、血肉模糊的，或是持續激烈疼痛的狀態會持續下去。

譬如，因胃癌過世的人，肉體已經送去火葬場被燒成了灰，肉體已經不存在了，胃痛也應該不存在了。然而，即便是已經死了幾年，那種胃癌的疼痛依然持續。

此外，心臟痛苦而死的人，即便肉體已在火葬場焚化，此人還是喊著：「心臟好痛！好痛！」

這樣的人，從某種意義上來說，他們生前過的是貧乏的精神生活，未曾耕耘過心靈領域。

他們認為所謂的「精神」僅會發生於醫生所說的頭腦和神經當中，他們的世間人生只活在那個層面。

供養之前須知「波長同通的法則」

就像這樣，的確有時是因祖先在地獄當中迷失了，進而附身到子孫的身上，在現實中，我看過許多如此情形。

然而，靈界當中存在著「波長同通的法則」。「被附身之人」和「附身靈」之間，心念必定是相通的。若非如此，兩者是無法湊在一起的。兩者之所以能長期湊在一起，就是因為兩者波長相同、心念相近。

譬如，活於世間之人非常怨恨或憎恨某某人，此時，如果此人墮入地獄界的祖先，也對人充滿了怨恨、憎惡的話，兩者的波長就相通了。

如此一來，只要子孫持續抱持著如此心念，其祖先就能很輕鬆地附身在此人身上，進而讓此人的命運變差。譬如，可能會導致子孫生病、生意失敗，亦或是使其做出錯誤判斷等。

從這個意義來說，的確是有「祖先迷失了，從而使子孫遭受痛苦」的現象。

但即便如此，我還是想要指出「子孫首先還是必須得端正己心」才行。

point

- 子孫將自己的不幸歸咎於祖先的供養是錯誤的。
- 祖先之所以會陷入迷惑，其原因出於其自身生前的人生態度。所以焚燒護摩木或取法名，是無法加以拯救的。
- 判斷一個宗教是否正確的方法，即是觀察這個宗教是否教導「反省」和「自負責任」。
- 祖先之靈的作祟因「波長同通的法則」而起，子孫首先必須得端正己心才行。

不承認自己已死的左翼政治家之靈

雖然自己已成為了靈魂，卻堅持說「死後的世界不存在」

Ａ：「妳還沒發現自己已經死了」，首先，這即是一個大問題啊！

土井隆子：不是的，那個什麼，嗯，相信「人死了之後會去另

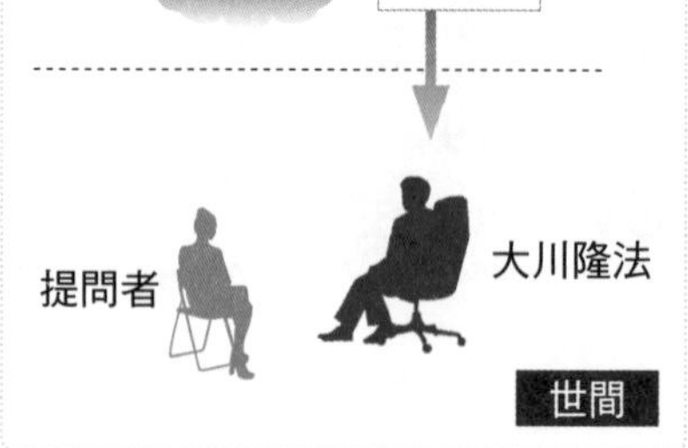

一個世界」，恐怕連一半都不到吧！

A　：不管其他人相不相信，妳相信「有」還是「沒有」？

土井：嗯，現在我只能說「死後的世界不存在」。

A　：不對，正是因為「存在著死後的世界」，妳現在才會在這裡啊！

土井：不對，正因為「我在這裡」，所以才證明「死後的世界不存在啊！」

A：如果妳一直這麼認為，妳就會像現在一樣一直活著，只能不斷地徘徊。

土井：我說你啊！死了以後，意識不就應該會消失嗎？

繼續堅持「因為我還存在，所以我還活著」

土井：總之，我還是存在的，不要再把我當做死了，我還存在啊！

A：妳確實存在，但是再過不久，或許就會有人來引導妳了，這個人會前來說服妳。

土井：我可是擔任過「三權之長」（譯注：三權是指立法、行政、司法），你說有人會來引導我？你在說什麼啊？

A　：在死後的世界，有著比妳更偉大的人。

土井：我都說了，我還活著啊！你還在說什麼啊！

B　：那麼我們說說最近的事情吧！妳躺在自己的病房裡，是不是處於別人不聽妳說話的情況？

土井：這個嘛，一直都是這樣。

B：一直？

土井：根本不聽我說話。你看看我現在講話這麼大聲，你也應該能清楚聽到我的聲音。不知道怎麼回事，有很多人聽不到我的聲音，難道最近耳背的人越來越多啦？

A：就連醫院的醫生也不聽妳說話對吧？

土井：我想是因為我的嗓子吧！我之前競選的時候，長時間在街頭大聲宣講，傷了嗓子，聲音就慢慢出不來了。

B：恐怕這種情形今後也會一直持續。現在活著的人，應該是聽不見妳的聲音的。

土井：那不是很奇怪嗎？這樣能夠叫做是「死後的世界」嗎？

第3章

正確的供養讓故人和子孫都能獲得幸福

1 對已經回到天國之人進行供養的方法

感謝之心將成為故人之「德」

雖說都叫做「供養祖先」，但是對於回到天國的祖先和墮入地獄的祖先，供養方法有很大的差異。

回到天國就意味著「在世間的修行已經圓滿完成、順利畢業」，而死亡就是此人在世間的畢業典禮，前往來世就是開學典禮。

因此，死亡是值得慶幸的事情。活在世間的親人應該對回到天國的故人說：「恭喜你順利完成了世間的修行。我們以做為您們的後代為榮，我們必會以您們為榜樣，不斷努力精進，請給予我們指導。為了回報您們的恩德，每年清明及中元等時節，我們會獻上感謝之心，請接受這般感恩之意。」

身體髮膚受之父母，不僅是肉體，我們得到了許多來自祖先之恩德，因此每年一兩次，好好地緬懷祖先是很重要的。沒有必要每天都這麼做，但每年一兩次緬懷祖先並獻上感謝之心，回到天國的祖先也會非常開心。

子孫會獻上感謝的話語，意味著祖先有德。在靈界當中，周遭的朋友會稱讚著：「你的子孫非常仰慕你，你生前一定積了很多德。」這對靈界的人來說是很高興的事。

此外，當朋友或者熟識的人過世了，世間的人們想起他們的時候，他們也會感到高興。反之，若是沒有任何人供養此人，就意味著被世間的家人或子孫拋棄了，也代表著此人生前不得眾人喜歡。

被世間的子孫供養，代表著此人在某方面有德。

簡而言之，對於回到天國的人來說，地上的人們不須進行拯救，只要祈禱此人在靈界有所活躍，並且祈禱「請偶爾對於我們進行指導」就夠了。

父母對我們恩重如山

從零歲開始，父母親就給予了我們數之不盡的恩情。

父母給我們餵奶、換尿布、一哭鬧就會飛奔到身邊、給我們蓋被子、把屎把尿、容忍我們任性、夜裡哭鬧。幼稚園時期，跌跌撞撞地弄傷自己、生病、闖禍，小學以後也是狀況不斷。

試著想想父母為自己做了多少事情，真的是如山一樣高。

那麼接下來想想我們為父母做過哪些事吧！

自己在母親肚子裡的時候，為他們做過什麼？出生為一個小嬰兒的時候呢？或許你可以說：「我噓噓、便便了，『讓』爸媽換尿布了，『讓』爸媽幫我洗澡了」淨是些給父母添麻煩的事情，自己為父母做的事真是少之又少，幾乎舉不出什麼例子吧？一歲、兩歲、三歲時恐怕也是如此吧？

就算是有，最多也是讓父母感覺到「寶寶出生太好了！」、「好可愛啊！」、「一歲就會站起來了！」、「會說話了」等等，這些讓父母感到喜悅的事。

但是，自己主動為父母做的事，恐怕是沒有的吧！無論怎麼努力回想，恐怕都想不出來。

回想上小學以後的事，或許會想起「好像有主動幫父母做過點什麼小事」，但父母為自己所做的事像山一樣高，自己為父母所做的事幾乎可以說沒有。

不論是國中時期、高中時代，真的能數得出來的恐怕真是沒幾件。

父母為了兒女什麼都可以犧牲

回顧家父年輕的時候，我就會想起一段我小學一、二年級的事。

我的故鄉德島有一個阿波川島車站，附近曾經有一個叫做「川島溫泉」的澡堂，外面豎著高高的煙囪。所在地就在現在幸福科學的聖地川島特別支部前方那條路的盡頭，向右拐的地方。在我小學低年級的時候，常常和家父一起端著臉盆去那裡洗澡。

和家父一起洗澡的時候，家父會先給我擦背，然後我再給家父擦背。現在回想起和家父互相擦背的光景，真是會讓人會心一笑。

我出生的時候，家父的事業失敗，雖然他自己創業當了老闆，但三年之後公司就破產了。之後的二十年，他都背負著債務，四處地工作。

家父就是這麼一個遭逢人生挫折的人，家父的背後有一道像被日本刀砍過的斜長刀疤，其實那是手術開刀縫合後留下的疤痕。

過去在那有很多人營養不良的時代，結核病曾一度橫行，當時，家父得了結核病。不過家父並不只是因營養不良才得病，我想是因為工作勞心勞力所致。

以前的手術方式很草率，聽說家父進行結核手術的時候，切斷了三根肋骨，也因此家父從肩膀一直到後背，才有那麼一條長的刀疤。

我們一起去洗澡的時候，我常常覺得很難為情，這種心情每每在我擦洗家父的刀疤後背時興起。

結核病是當時死亡率很高的疾病，多虧了家父能夠活下來，我才能順利地從學校畢業，前往東京讀大學。

多年之後，每當我回想起來，都感恩幸虧當時家父能活下來，才有了今天的我。每每想起這件事，我的心中總是感到沸騰。

家兄和我上大學的時候，家父常常匯款給我們兄弟倆。

我記得當時家父的工資在不扣任何保險之前，有十四萬日圓左右，他每個月給我們兩個孩子各寄五萬日圓，也就是說父母手上就只剩兩萬多日圓的生活費。我記得我還和家兄討論，他們倆老是怎麼生活的？每天都吃些什麼度日？因為一兩萬日圓實在是難以支撐兩人的生活，我和哥哥說：「難道爸媽每天都是配鹹菜下飯嗎？」就像這

2 判斷什麼人會下地獄的方法

傳達真理時要用對方能理解的方式

另一方面，在供養祖先時比較棘手的，即是拯救墮入地獄之靈。因此，我希望各位在供養祖先前，必須要先學習好佛法真理。

如果死去之人對靈界的知識一點都沒有的話，即便此人聽了我的說法內容，也只會知道這與自己的波長不合，進而對於法話的內容無法立刻理解。活於世間的人們，也有聽不懂我的說法之人，當然在死去之人當中，也有如此之人。

因此，在供養祖先的時候，子孫必須配合死去之人的程度，將我說的一部分教義，先消化過一遍後，再以此人能夠理解的方式傳達。

去掃墓、捻香、供飯當然是可以做的，但在此時，你覺得此人生前的人生態度中，有哪些地方可能出現了問題，不管是講出來或者是念於心中，要以此人易懂的方式，對其傳達必要的真理。

抱持著信仰才能回到天國

那麼，那些墮入地獄之人，生前都犯下了怎麼樣的錯誤呢？

首先，地獄界基本上是不具信仰心的人所居住的世界。地獄靈不相信神也不相信佛，雖然有些人生前以宗教心來偽裝自己，但其實是沒有信仰的偽善者。有些人每個禮拜日都到教堂，但其實完全沒有相信，只是去做做表面功夫而已，這樣的人即會墮入地獄。

想回到天上界，首先必須要抱持著信仰。所謂信仰，就是相信佛神之心。若不相信「人是靈性存在，靈界才是真正的世界，地上是暫時的世界」的話，便無法進入天國。若是不具備這信仰的原始形態，就無法進到天國。

地獄之靈責備他人的心念很強

我過去看過成百成千的地獄靈，他們的共同特徵，首先我想到的就是地獄靈對他人的責備之心極度強烈。

若再分析那般責備之心，就會發現裡面還有著強烈的恨意，那種憎恨之心，或者是被害妄想的心念極為強烈。也就是說，那是一種「自己之所以不幸福，都是別人所害」的想法。

如果此人的念力很強，那麼這種自己被別人所害的心念，就會變成想積極地憎恨、攻擊他人的心情。另一方面，如果此人念力較弱，這種怨懟之心就會往自卑方向發展。不管如何，他們都有著想將一切都歸咎於他人的強烈傾向。

當你檢視內心，若是發現自己站在奪愛的立場，並且有著想責備他人的強烈心情的話，就必須知道自己前往地獄的可能性是很高的。自己是否會下地獄，不須等他人的指摘，自己捫心自問就知道了。

如果責備他人的心念非常強烈，一天當中來去的思緒裡，那般情緒所占的時間非常多的話，那麼你的心有很大的可能性是與地獄相通的。

性格執著的人，死後容易變成幽靈

此外，有些人很容易直接受到他人話語的影響。

當被他人說了嚴厲的話，此人就會記在心裡，久久不會忘懷，甚至已經過去很久了，久到讓他人覺得：「什麼？你竟然還想著那些話？」當時說話的人，只不過是直率地表達了自己想法，第二天自己就忘記了，可是聽話的人，卻把這些話放在心裡，好幾年都不能釋懷。

或許應該將這種性格視為認真，但若說那是一種執著的性格，其實也不遠矣。這種執著，是一種死後容易變成幽靈的性格，必須要加以注意。如果不想死後變成幽靈，就要有清爽俐落的性格，我還沒看過哪個幽靈的性格是開朗清爽的。

變成幽靈的人，其性格類型幾乎都是連續幾年對相同一件事情，抱持著執著、執念。如此對於某事的強烈執著、執念、怎麼樣也無法放下的心念，就是成為幽靈的條件。因此，爽朗不執著的性格，是避免變成幽靈的關鍵。

「諸行無常」、「諸法無我」、「涅槃寂靜」之教義的重要性

從這層意義上來說，佛陀所說的「諸行無常」、「諸法無我」、「涅槃寂靜」之教義，終究是正確的。

「諸行無常」是指「世間萬物皆是會變化的」；「諸法無我」是指「在世間當中，沒有任何一物是有實體的。世間中眼

之所見、手之所觸的東西，最後皆會消失，所以不可被這些東西所牽絆。要將己心調整朝向普遍性的存在」；「涅槃寂靜」即是指覺悟的世界。死後的覺悟世界是寂靜的世界，也就是說靈界是一個非常澄淨安靜、沒有任何污濁波動的世界。

為了避免死後變成幽靈，這般教義非常重要。

墮入地獄之人的特徵「心之三毒」

為了能教導祖先為何會墮入地獄，進行供養的這一方，就必須先知道有可能的原因。也就是說，自己必須先成為一個知道怎麼樣才不會墮入地獄的人。

那麼，具體來說要檢視些什麼呢？那即是「貪、瞋、癡」的心之三毒。

①貪婪之心

貪即是指貪欲、貪心，用本會的傳統用詞來形容，那即是活於「奪愛」中之人。這種活在奪愛、貪心當中的人，幾乎都會前往地獄。

這個「貪」的特徵就是自己不會有所察覺，但是別人卻一目瞭然。「那個人真的欲望很深，總是不明白別人的感受」、「他總是一直向人們討愛，總想著要如何才能掠奪些什麼」，這種情形當事人常常都沒有察覺，但從他人來看，十之八九都覺得此人欲望纏身。能夠正確地看待自己，的確是很困難的事。

為了能克服這種深重的欲望，抱持「知足之心」是非常重要的。此外，「佈施之心」也很重要。在宗教當中常說佈施，佈施即是指付出，藉由付出即能斷卻執著。

②瞋怒之心

此外，還有所謂的「瞋怒之心」。這種突然爆發的怒氣，大部分都是起因於不平不滿，當事情不

如己意時，就燃起怒火。所以想想自己的爺爺、奶奶、父親、母親，若是覺得他們沒什麼耐性，總是脾氣暴躁，動不動就把氣出在別人身上的話，那麼多半會因為這個原因而下地獄。

因此，那個常常發怒的人，或者常常聽到他人說某人很常發怒，那麼就能推斷此人墮入地獄的理由是出自於很愛生氣。如此一來，地上之人就必須教導此人以平穩之心度日。

「不可以動不動就發脾氣！他人也是佛子，所有人都是佛子，必須要和人們和諧而過。也只有大家和諧相處，幸福才會降臨。不可只在意事情是否如願，否則的話就會造成他人困擾。這種沒耐心的暴躁脾氣很要不得」，活於世間之人必須向故人教導這般道理。

③愚癡之心

「癡」指的即是「愚癡」，這個愚癡未必是指腦袋不好。世間當中有很多人即便很聰明，但依舊是「愚癡」之人，也就是「不了解佛法真理」。不了解佛法真理之人，看起來就會讓人感到愚癡。從了解佛法真理之人的角度來看，那些人正朝向錯誤方向，做無謂的努力，彷彿使勁地勒住自己的脖子一樣。世間中有很多人看似很聰明，但事實上是很「愚癡」的。

這個「癡」指的即是對佛法真理疏於學習，之所以愚癡就是因為不明白佛法真理。

現代唯物論學問的危險性

生前對宗教有某種覺悟機緣的人，死後的說服比較容易進行，並且比較容易引導至靈界。但是，對生前完全不相信宗教的人，就很困難了。

其中最是難以說服的，不是黑社會的流氓，而是理工科老師之類的唯物論者。

去到了靈界也有動植物，繁花也會盛開，魚兒也會游動，因此，唯物論者堅信「這裡不是靈界，這裡是世間」。要說服如此之人，的確不是一件容易之事。

這些人在行為上並非是惡人，僅是因為現代學問有著缺陷，讓他們無法理解而已。況且，他們沉浸於現代學問幾十年，無法捨棄過往所學。

即便和尚前去加以引導，他們還會說：「我可是當了三十年的理工老師」、「我可是在大學裡做研究的」等等。他們還會反駁：「你在說什麼啊？你是宗教系的吧！我可是物理系的，頭腦好得很，被你這和尚給說服，那還得了？」甚至還會自傲地說：「我們可是走在時代科技的尖端呢！」

此外，有些腦神經外科醫生，還會隨手翻動著頭蓋骨，並說：「這有什麼好恐怖的？也不過就是一個東西而已，人死了一切就跟著結束。」甚至還會輕鬆地說：「叫我抱著頭蓋骨睡覺也無所謂！沒什麼大不了。」

因此，要說服這樣子的人們，是非常困難的。

就像這樣，個人所信為何，決定了此人能否得到拯救。那些不相信宗教的人們，或只懂得做物理實驗的人們，實在難以獲得拯救。那樣子的人們，就只能讓他們待在現代的地獄當中，別無他法。

3 子孫學習真理就是最大的供養

只要進行反省就能回到天國

在來世當中，只要能徹底地進行反省，每個人皆能回到天國。只要改變自己心針的方向，轉換想法，就能回到天國。然而，已經過世的祖先並不瞭解這個道理，所以尚活於世間的子孫就必須實踐給祖先看。

祖先總是會關注著家人，如果子孫示範給祖先看的話，那麼祖先就會明白「原來是這麼做的啊！原來必須要這麼思考啊！對他人施愛且不邀功、溫和地對待他人，好像我的子孫是抱持著這般人生觀生活啊！原來如此，過去我沒有那麼做，這真的是我犯下的錯」。

藉由「迴向」可以緩和祖先的痛苦

佛教裡有一個詞叫做「迴向」，就是把自己所持有的光明投射至其他人的方向，將自己所擁有的愛投向其他人的方向，或者是將自己所積之德傳遞給其他人。

當然，原則上祖先下地獄是因為他自己

有著不對的地方，但是藉由「他力」，多少借給他們一些力量，實際上是能夠起到緩和痛苦的效果的。

學習佛法真理、每日精進，各位的心中就會積蓄光明。當「倉庫」建立好了，倉庫當中就會開始出現財富。而倉庫當中的財富，也就是指「光的部分」，即是各位在世間所累積的「德」。

藉由精進，各位每天都在創造德，而這個德即能傳遞給祖先。這就和各位有著存款，即能捐給貧困之人的意思是一樣的。正因為有著那般眼所不見的精神之德，所以才能透過「迴向」傳遞給祖先。

當你這麼做的時候，就像對溺水之人，扔出一個救生圈一樣。雖然最終還是必須靠他自己脫離溺水的狀態，但給予救生圈之後即能和緩那般痛苦。

子孫的覺悟會引導祖先前往天國

總之，能讓祖先之靈回到天國的人，即是有著「法力」之人。

譬如，如果是我，我即可以讓不成佛靈（譯注：死後不能順利返回天國之靈，稱為「不成佛靈」）返回天國。首先，我會加以訓諭，讓不成佛靈承認自己犯下了過錯，之後便命天上界的支援靈們，將這個不成佛靈送往修行所。之後，當他在那裡經過一段時間的反省，便能回到天國。

一般人是不具備靈能者般的法力的，但藉由學習真理，即能具備某種程度的「覺悟之力」、「心念之力」。具備如此力量之人在讀誦經文時，其心念即能傳遞給往生之人。

雖然個人所進行的供養會很費力，效率也不高，但對於地上的人來說，進行供養亦能成為自身的修行，自身之德的確可以迴向給靈界之靈。

靈界是心念的世界，世間之人心中所想的，亦會傳遞給靈界之靈。

當地上的人對於往生之人，於心中想著：「你在某某方面出現了錯誤，對此請好好反省。我自己也會努力改變人生態度，也請你一起修行吧！」持續修行五年、十年，靈界之靈就會得到淨化、獲得拯救。

「葬儀服務」的陷阱

「和尚宅急便」讓寺廟衰落

最近網路購物的快遞服務越來越發達，日本還出現「和尚宅急便」的服務。只要選擇價格、目的地、為誰「送行」，和尚就會到府誦經，聽說一般行價在三萬到三萬五千日圓左右。雖然不能說這樣的方式看不出誠意，但從中可看到日後寺院佛教將走向衰落。

不管怎麼說，宗教和宅配業者有著不同之處，根本無從比擬。如果靠宅配就好的話，那日後或許就會變成不用找誰來誦經，只要寄來光碟，拿光碟播放就好了。

「便利」的背後所喪失的「根本精神」

有很多業者提供了廉價的葬儀服務，但切不可以價錢來衡量好壞，因為我感覺到其中喪失了極為重要的「精神要素」。

換言之，寺院已喪失了精神要素，轉變為「遺體安置業」、「埋葬業」、「遺骨管理業」，進而變得無所謂。當佛教亦流於唯物論的論調時，會變成那個樣也是可以預期的。

如果是這樣的話，其他的業者也可以提供服務，並且也可壓低價錢。現今日本的葬儀價格已經漸漸接近寵物葬儀的價格，讓人感覺到很怪異。若是還想更便宜的話，還有人會把骨灰撒入河流或海洋，或者是撒在種植著樹木的土裡，這樣就簡單了事了。

然而，我總感覺這般行徑喪失了「某種根本精神」，對此至今我們仍堅持向人們述說這個道理。我想終究不能完全地接受「世間的常識」。

所謂「世間的常識」，即是先前所述的「要便宜、低廉」，所有的服務皆往這常識靠攏，然而我總是感覺到其中喪失了重要的部分。

若是不知那內容的重要性，進而只想要便宜就好的話，終究是犯了重大的錯誤。

4 正確供養的心理準備及其方法

使用《佛說 正心法語》進行祖先供養

若是單獨個人每月一次地供養故人，讀誦《真理之詞 正心法語》是非常有效的。

這個經文收錄於幸福科學三歸誓願者（誓願皈依佛法僧三寶之人）領受的《佛說 正心法語》（宗教法人幸福科學刊

《佛說 正心法語》（宗教法人幸福科學發行）

行），或者是《入會版「正心法語」》（宗教法人幸福科學刊行）的這部經典當中。這部經典的力量比現今人們奉為尊貴經典的《般若心經》或《法華經》，還要強一萬倍。

因為《般若心經》或《法華經》都是釋迦牟尼的弟子所寫的，這些經文並非釋迦在世之時所寫下，而是經過數百年之後弟子才開始編纂，之後再被翻譯為中文。或許日本人是以漢語來讀誦《般若心經》，而《法華經》則是用日語讀誦，但因為是弟子的編纂，並且經過多重翻譯，經文的力量會減弱非常多。

然而，《佛說 正心法語》這部經典的內容，是從位居九次元靈界（注），也就是從位居最高靈界的佛陀意識直接

（注）九次元靈界：在來世（靈界）中，每個人所居住的世界，依照每個人的覺悟程度而劃分。在地球靈界中存在著從四次元幽界（地獄界是四次元的一部分）到九次元宇宙界。九次元是救世主的世界，釋迦牟尼、耶穌等就存在於這個次元。參照《永遠之法》（中文版台灣幸福科學出版）。

降下。因此，無論是過去亦或是現在，在這地上沒有任何經典會比這部經典更有力量了。所以，請認識到這部經典有著一萬倍的效力。讀誦一萬次的《般若心經》，相當於讀誦一次《正心法語》。這個經文具有非凡的力量，信徒可以使用這個經文進行供養。

此外，三歸誓願者領受的經文還有《祈願文①》和《祈願文②》。

這個《祈願文①》當中，還收錄著由佛陀意識直接降下的《佛說 願文「祖先供養經」》和《佛說 願文「愛兒稚子供養經」》。讀誦這兩個經文，讀誦者能依經文內容進行反省，

《祈願文①》（宗教法人幸福科學發行）

進而讓己心的波長變為正常。這部經文不僅能供養過世之人，亦能讓世間之人探究正心，所以是通用於雙方的經文。

使用《佛說 正心法語》和《祈願文①》是一個基本的供養方法。

容易理解的經文更具有救贖力

《祈願文①》中的經文《佛說 願文「祖先供養經」》也是用現代語言寫的，很容易理解。

通常，供養祖先時，會請寺廟裡的和尚來唱誦《法華經》或《般若心經》等經文，但很遺憾地，那些以梵文讀誦的經文，幾乎所有的靈都不明白其意思。

和尚會以特殊的抑揚頓挫來讀誦那梵文經文，一般人都無法理解其意義。如果活著的時候並不理解經文意義的話，死後也無法理解。

因此，光是用讀誦梵文的經文來進行供養，死去之人是無法回到天國的。

當然，有些僧侶在累積修行的過程中，會獲得某種程度的覺悟，對於來世之事多少有些知悉。當這樣的僧侶讀誦經文的時候，此人那般「希望故人能回到天國，能不迷惑地渡往彼岸」的心念會傳遞過去給故人，這種情形下的經文讀誦並非全然沒有效果。

然而，那並非是經文本身有效。以艱澀的話語來進行供養，對於死人來說，其意義是完全不懂的。

然而，如果像本會的《佛說 願文「祖先供養經」》一樣，是以非常容易理解的話語所寫下的內容的話，就如同各位能聽懂其內容，身故之人亦能理解其內容。若是小孩也能理解的話語，身故之人想必也能某種程度地理解。以容易理解的話語所寫下的內容，反而會增加拯救力。

能夠同時拯救故人及子孫的《佛說 願文「祖先供養經」》

《佛說 願文「祖先供養經」》的特徵是一方面訓諭靈界之人，於此同時，對世間之人也會成為「你自己也不可犯下那般過錯」的警示。

教導靈界之人四正道（注），並使其皈依於佛陀，同時對於讀誦這個經文之人，也能成為「回顧己身，勿讓自己步入歧途」的一種自戒。

因此，這是同時能夠拯救來世與此世的方法。

這個經文是針對墮入地獄的靈魂所寫，所以其內容很容易理解。只是，各位難以知道祖先是回到了天國還是墮入了地獄。如果是墮入了地獄，就有必要對其讀誦經文，但若是回到了天國，應該就不須誦經，但因為不知狀況如何，所以會變得不知該怎麼做。

然而，如果其內容是「要皈依於佛陀，學習四正道」的話，就算對回到天國的祖先來說，也是非常尊貴的。祖先生前恐怕都沒接觸過幸福科學的教義，所以藉由講述四正道的原理，會讓祖先於靈界的修行更上層樓；這是一個讓祖先靈格提升的原理。

供養迷途的幼童亡靈時的心理準備

《祈願文①》中的《佛說 願文「愛兒稚子供養經」》，是以幼小的孩子為對象，當然孩子還聽不懂四正道的內容。這裡的孩子是指人工流產或自然流產的胎兒，或是出生沒多久就夭折的孩子，或是在懂事之前便身故的孩子。

有一段經文是這麼寫的：

（注）四正道：幸福科學的基本教義「愛、知、反省、發展」。這是為了讓人類變幸福的四條道路（幸福的原理），如果能遵守這個教義，死後必定能回到天國。

看啊！
大佛在此
為拯救你們現身
跟隨光明之手的誘導
返回光明的國度去吧

孩子並不明白自己為何會死亡的理由，所以會感到無助。一般來說，他們會在父母附近徘徊。

此時，以《佛說 願文「愛兒稚子供養經」》來進行供養的話，靈界的愛爾康大靈（注）之光就會現象化，他們就會看到一尊綻放金色光芒的大佛前來拯救，並向自己伸出雙手。

經文以容易的話語說著：「拯救之手來了，跟隨那雙手，回到光明的國度去吧！」

絕不要再對父母記恨和哭泣
不要再拘泥過往
從今以後
你可在那邊的世界
幸福 快樂 開朗地遊戲

（注）愛爾康大靈：地球靈團的最高大靈。祂做為至高神，創造了地球，並且一直以來引導著人類。「愛爾康大靈」的意思即是「明麗的光明國度 地球」。祂是幸福科學所信仰的本尊，其分身之一，是轉生於印度的釋尊。參照《太陽之法》（中文版台灣幸福科學出版）。

這邊指的哭泣，是對被人工流產的胎兒所說的。

人工流產不是一件好事，不值得提倡。但如果懷孕讓母親有生命危險，或者因為犯罪行為而懷孕，我想有人還是會不得已地墮胎。

然而，如果是正常的夫妻緣分而懷孕，這個胎兒便是有緣的孩子，絕對不應該墮胎。

如果孩子對父母記恨，那是怎麼樣也無法回到天國、天上界的。若是孩子一直待在家中某處，怨恨父母的話，那便是一種不好的執著，不解開這記恨之心，是無法上到天國的。

孩子會出現那種「都是父母不好」的心念，雖然其父母是做錯了，但抱持著那種怨恨之心，是無法讓自己獲得拯救的，所以必須要將其解開才行。

在拯救幼小孩童的靈魂時，必須要這麼教導：

「你的死已經是幾年前的事了。如果你一直想著這個事情，今後你就無法做靈魂修行喔！

那裡的世界才是真實的世界啊！我知道你想要轉生在世間、想要多活在世間久一點，但這個世間是暫時的世界啊！在這個世間生活，最長也就是幾十年的時間，靈界世界才是真正的世界，所以你要在那個世界幸福生活才行！

不要再對世間執著，不要再想轉生於世間、不要再想多活久一點，如果在靈界能幸福的生活，當下次機會出現時，就還能夠轉生於人世間。

比起人世間，活於靈界世界才是真正的幸福。如果抱持著對於父母的憎恨、對於世間的執著，抱持著還想要轉生世間、想要多活久一點的心情的話，那是無法變幸福的。那裡的世界才是幸福的世界，要想想在那裡變幸福的方法。」

因為孩子會想著：「自己死了之後都不曉得該怎麼辦，父母親什麼也不幫我，都把我給忘了。」所以當父母表現出「沒有那回事啊！我們盼望著你的幸福，皈依於佛陀的教義，正精進努力著啊！」的樣子時，孩子就會感到高興，進而鬆一口氣。

當孩子知道了父母親為了自己，皈依於佛陀而修行並且幫助著他人的時候，就會感到高興。

並且若是再告訴孩子：「我們幫助著人們，並且期待著在天國的再會之日啊！我們在那邊能再次相見喔！今後我們會想著你，並且好好修行精進，等到回去的時候，一起在天國再次相見喔！」已經過世的孩子會非常地高興。

在靈界當中亦有「育兒的工作」

有些人童年夭折，或者是有人英年早逝，白髮人送黑髮人，不禁令人感嘆：「為何會發生如此殘酷、悲哀的事情？」

然而，必須要將經歷過各種經驗、各種生活方式的一定人數之人，從世間提供給靈界才行。也因此，有些人是在嬰兒時期或幼兒時期即身故。

這些人將以當時死去之時的樣子回到靈界。對此，在靈界當中尚有著透過「照顧小嬰兒」、「養育幼兒」、「養育、教育小學生」而進行靈魂修行的人們。為了這些人們，必須要提供新的靈魂才行。

倘若生前在教養孩子的課題上留有某些遺憾，回到靈界之後，有時就會透過練習撫育小孩的靈魂來彌補。此外，靈界當中還有很多人喜歡小孩、喜歡和小孩子玩、喜歡指導小孩子。為了這些人，終究還是必須要供給小孩子的靈魂。

當然，人死後回到了靈界，年齡是可自由轉變的，不過這是對於靈性存在的意義有所覺悟的人才能辦到。一般來說，死後一到三年期間，此人還是會維持死亡之時的樣子。

就像這樣，在靈界當中有人正養育著孩子。既有著養育他人孩子之人，也有像學校老師一樣教導孩子的人。

有各種各樣年齡的人前往，對於靈界來說是件好事，因為有很多人正等待著累積新的經驗。

宗教設施是「與靈界交流之地」

在此，試著思索打造「墳墓」的意義。

即便西洋與東洋的墳墓形式多有不同，但其共通點即是有著「天線」的功能。簡要來說，世間之人能夠透過掃墓、祭祀牌位，藉由供養的形式，能與在天上界或地獄界的往生之人，產生心靈上的交流。在這層意義上，墳墓或靈園其實是非常重要的。

一般人並非是靈能者，所以心中所想之事，通常無法立刻傳達給

「與靈界交流之地」幸福科學的精舍

全日本、全世界有700處以上的精舍和支部精舍等

東京正心館

總本山那須精舍
附屬來世幸福園

聖地四國正心館
附屬來世幸福園

往生之人。但是，譬如「於盂蘭盆節妥善供養」、「於忌日進行供養」的話，往生之人既抱持著期待，世間的家人亦有著想要供養之心，於靈園或墓地等固定之處進行供養的話，雙方的心意就會連結在一起。彷彿透過電話線連接兩地之人，讓彼此的心情相通。

實際上，人死後回到另一個世界，依然有另一個世界的工作，所以理論上他們也很忙碌。但有時候還是會想起子孫的狀況，惦記著「不曉得他們過得如何？」、「現在都在做些什麼呢？」等等。在這個時候，如果世間之人參加供養祖先等儀式，即能讓雙方見到彼此，重溫過去的記憶。透過那般儀式，故人亦能記得好幾十年的事情。然而，間隔幾十年之後，就會漸漸忘卻世間之事。

從這層意義上來說，在自己的家人還活在世間之際，確實地保留日後能與世間連絡的方法實為上策。

譬如，幸福科學的東京正心館等精舍、全世界各地的支部、來世幸福園（靈園）等宗教設施，即是一種「與靈界交流之地」。

幸福科學的供養法會所蘊藏的靈性意義

在進行供養祖先時，切勿搞錯了原則。供養祖先的前提是，進行供養的這一方必須要有所修行。首先，自己必須要學習佛法真理、閱讀真理書籍、參加幸福科學的各種行事活動、加深學習，並且體會到佛光的感覺是很重要的，其結果才能將部分的佛光迴向給祖先。

總之，藉由「覺悟的力量」來供養祖先，即是原則。

為此，幸福科學總本山正心館會舉行「總本山祖先供養法會」和「永代供養」。此外，在全世界的各地支部，每年也會舉行兩次供養法會。

因此，參加本會的供養法會，和光的強度較高的人們一起進行供養為宜。並且有導師在場比較安全，亦能為其他參加者的光明給保護，在那樣的地方進行供養會比較好。

此外，在幸福科學祖先供養法會裡，參加者的守護靈、指導靈和教團的支援靈們會前來幫忙，遭到祖先附身的子孫來到這裡，這些附身在子孫身上的祖先之靈一定會被發現，「你在幹什麼？你好像做了好幾年的壞事！」

因為人們無法看見這些祖先之靈，所以他們才能為所欲為，但是靈界的其他靈人卻可以看到，並出言訓斥：「枉費你的子孫那麼努力，你卻壞事作盡！」他們會因此變得安分。

也就是說，光是靠子孫的力量無法拯救的情形，藉由參加本會的供養法會，高級靈會訓斥做了壞事的祖先。靈界之事還是靈界之人最為精通，基本上靈人的錯誤，交給靈界的高級靈來指正是為捷徑。

就像這樣，參加本會的行事活動，即能和靈界的高級靈結緣，因此在進行祖先供養時，盡可能地前往供養法會的會場為宜。

當然，在家庭當中，好比在忌日等特別的日子，每年數次全家人一起進行供養也不是壞事，但重點是不可做得太過於頻繁。與其每天早中晚進行供養，或者每天睡前進行供養，不如自己好好地進行修行。

好比讀誦幸福科學的根本經典《佛說 正心法語》，以及閱讀本會的佛法真理書籍，首先將重點放在提升自身的覺悟。並且，進行祖先供養時，盡可能地在有導師在的地方舉行，危險性較小，效果也較大。

5 該如何供養因自殺或災害而身故的人

自殺者之靈前往天國的條件

原則上，自殺靈是上不了天國的。尚未完成使命就自己結束自己生命的人，與其說「上不了天國」，倒不如說「連地獄都去不了」。

他們會留連徘徊在世間某個特定空間，譬如自己的自殺之處，換句話說，他們多半會變成地縛靈。即便沒變成地縛靈，也都會徘徊在家屬、親人身旁，也就是說，他們無法前往靈界，無法前往地獄，大多徘徊在自己的生活範圍當中。

要這種人徹底覺悟，必須花非常多的時間。即便有每個人個性不同，所花費的有所差異，但沒有那麼簡單就能覺悟，如此說法是沒有錯的。就算是快的人，也須歷經數年的時間。

一般人自殺是無法前往天國的。

自殺的人多是以自我為中心的人，只考慮自己的處境，當無法看見自己該往何處去時，就自我了斷，自以為一死百了，但這是不可以的。

自殺者回到天國的條件，與一般人幾乎相同，但是自殺者死狀都很悽慘，想回到天國有其困難之處。

供養眾多人們時，需要相當大的力量

此外，因為戰爭或震災，一下子就讓很多人過世的情形，在佛教當中有所謂的「千僧供養」，也就是「千名僧侶同時進行供養」。當規模很大、靈魂眾多時，僅有一個供養導師的話，力量的確過於單薄，所以才會出現聚集千名僧侶，一起誦經供養的方法。

也就是說，要增強念力。如果沒有集結眾多之人的念力，無法同時供養這麼多靈魂。

譬如，在日本阪神大地震或東日本大震災的時候，出現非常多的死者，是沒有辦法輕易讓所有人都能回到天上界的。即便進行了供養，也需要相當大的力量，而且僅進行一次供養，是無法一下子上到天上界的。因為每個人各自都對世間有著執著或悔恨，要花多少時間才能回到天上界是因人而異。

即便在震災當中喪命之人，倘若是相信靈魂世界存在的人，譬如相信幸福科學教義的人，或許不須多久即能回到天上界，這是沒問題的。

然而，若是生前完全不相信宗教或靈界存在的人，或者是加以否定之人，在遭逢震災身故之時，因為不知道到底發生了什麼事情，所以無法馬上回到天上界。生前否定宗教或靈界而突然喪命之人，由於還執著生前的生活，平均來說，這些靈魂會逗留世間三年左右。

意外身故回到天國之人，轉生的速度會較快

然而，在人生途中遭逢意外而死，實在感到悔恨之人，並且此人身故之後是返回天上界的話，大多都會提前轉世，讓人生重新來過。若是無法圓滿地過完一生，並且不是在地獄受苦的情形，輪迴轉生的速度大多會很快。

譬如，「在兒童時期死了」、「新婚的時候死了」、「事業做到一半時死了」、「人生正要開始的時候死了」的

人，這種和原本的人生計劃相左而死，並且返回到天上界的人，再次轉生到世間的時間會變得很快。「我想要再重來一次」，抱持著如此強烈心念的人，多半能在十年或二十年之間，再度重回人間。

譬如，在東京大空襲（一九四五年）意外喪生的人，靈魂仍然徘徊於世間的，應該已經寥寥無幾了。在高樓大廈林立的現在，若依舊察覺不到自己死亡的事實，肯定是異常頑固之人。如果是這種人，或許就會徘徊於墓地周遭，但大部分的人不是回到了天上界，要不就是前往了地獄。

在東京大空襲身故並且回到天上界的人，多在昭和四十年代（一九六五年）的嬰兒潮中轉生於世間。

如果為死於阪神大地震或東日本大震災中的人感到惋惜，在災後約二十年左右，政府可以獎勵生育，因為屆時會有許多「為了打造美麗的神戶，想讓人生重新來過」的人們，會想要投胎至世間。

為了淨化地域的供養須持續三年

先前曾提到，為了淨化地域的做法之一，有著「千僧供養」的方法。所謂的千僧只是象徵性的數字，無論是五百人、三百人或一百人都可以，只要有某種程度的人數，一起舉行供養儀式，就能淨化靈域。

然而，遭逢意外死亡的人，終究還是要有一定的時間，否則就難以回到天上界。就算從靈界當中有引導之靈前來說服此人，但也沒那麼容易能返回天上。畢竟此人對世間仍抱持執著，直到此人達到某種程度的放棄，通常都得花上許多時間。

此外，在震災當中死亡的人，對於時間的感覺會同時停頓下來，直到眼見地震毀壞的城鎮，重建成新的風貌，才會慢慢有所覺悟。

因此，供養意外身亡的靈魂，基本上必須供養至死後的第三年。

point

■對於回到天國的祖先，應該每年憶起祖先一兩次並表達感謝，那將成為靈界當中的祖先之德。

■對墮入地獄的祖先，子孫必須學習佛法真理，並將必要的知識以合適的方式傳達給祖先。

■生前沒有信仰的人是無法回到天國的。此外，「責備他人的心念」、「貪、瞋、癡」的心之三毒，是造成自己墮入地獄的原因。

■有眾多的現代學問參雜著唯物論，學習幾十年這種知識，就會變得無法理解來世的存在，這點需要注意。

point

■ 所謂的迴向是指將自己的愛和德轉向祖先。學習佛法真理、每日精進，就可以將累積的光明照向祖先，和緩祖先的痛苦。

■ 《佛說 正心法語》具有著比《般若心經》或《法華經》強一萬倍的力量。容易理解的經文，具備著拯救力量。

■ 在進行供養時，「覺悟的力量」是必要條件。參加幸福科學的供養法會，在有導師的地方進行供養為宜。

專欄

對墮入地獄之人進行拯救的天使們

天使們在靈界當中，從事著拯救墮入地獄人們的工作。我想各位當中的大部分人，日後終將從事那樣的工作。當各位回到了天上界後，累積修行、累積經驗，獲得了做為靈魂的某種程度的覺悟之後，就會去體驗「前往地獄拯救受苦之人」的工作。

剛到地獄界的時候，各位必定會訝異於其樣貌。從天上界降到地獄界時，就好比是從斷崖綁著繩索垂吊下去的感覺。從廣闊的高原上，一下子就降到黑暗的世界，那是會讓人感到害怕的。

越是往下走，就更是漆黑的暗夜。一開始什麼都看不見，更是不知道黑暗當中有什麼東西蠢動著，從天上界到地獄界就是這種感覺。

當地上界的眾多人們覺醒於信仰，每日傳道、祈禱的話，這股意念就會傳遞給前去地獄界拯救靈魂的天使們。

當天使們看到眾人抱持著信仰並祈禱著「我們也想要創造佛國土烏托邦」的樣子，這將會成為鼓舞天使們的力量。

天使們會感到「我們並不孤獨，即便我們在地獄界也不孤獨。因為在地上界中，也有人們正努力拯救世人」。

現今墜入地獄，變成惡鬼的靈魂，在過去或許是某人的雙親，或者是祖父母、親戚、朋友，他們和地上界的人們有著緣分。

然而，當地上界的有緣之人，抱持著「想拯救那墮入地獄的人們，想照亮那黑暗」的念頭，並且著手努力的話，這股心念就會和天使相呼應。

當心念相同時，天使的力量就會受到鼓舞，並賦予天使們勇氣。他們會在暗夜中，彷彿看到光明一般。

「啊！原來也有人想要拯救此人啊！地上界的人抱持著如此想法啊！」當天使感受到這般心念時，就會出現強大的浮力。

其他亡者想「妨礙」此人逃離，另一方面天使會想「拯救」此人，若是能加上來自地上支援天使的心念、意念、波動的話，天使就能更有力量地加以救助。

雖然拯救的效率不是很好，但天使總是一個一個地說服靈魂，並將其帶離地獄界。

從深層地獄帶到淺層地獄，讓此人改正自己的想法，讓他自己體會自己到底哪裡做錯了。

深層地獄和淺層地獄，其環境必定會有所差異。至於是哪裡不同，就必須要由此人自己發現。

「原來這邊和深層地獄有這樣的不同。在深層地獄中不覺得殺人有何不可，原來在淺層地獄中沒有人殺人」，這類的差異必須要此人自己體會，進而起到教導的作用。

第4章

安度晚年須知

有了導覽書，就不會害怕死後的世界

恐怕世間中百分之九十以上的人，都對死後的世界感到害怕吧！在街頭上做個調查，或許會有一半的人回答「不相信有死後的世界」，但就算嘴巴否認，在內心當中應該還是有很多人會心想「如果有的話該怎麼辦」。

之所以對死後的世界感到害怕的理由之一，我想是因為人們聽過很多有關死後的世界的話題，但幾乎沒有一個人曾去了之後又回到世間，所以不曉得實際情形到底如何。的確，幾乎沒有人去了死後的世界之後又回到世間，所以也難怪人們會感到疑惑。

為了消除對死後世界的恐懼，就必須清楚地揭示死後世界的真實樣貌。

的確，被稱為地獄的恐怖世界確實存在，但被稱為天國的世界是非常美好的世界，那裡住著眾多美好的人們。當認識到那般世界是真實存在的時候，應該就會燃起很大的希望。

之所以死後的世界讓人感到害怕，原因就出自於人們根本不了解那是何種世界，因此關於死後的世界，有了明確的草圖的話，應該就不會那麼感到恐懼。

就如同去國外旅行前，若對於當地沒有掌握任何資訊的話，想必會非常不安。但若是有了各種地圖或導覽書的話，就會覺得安心，這道理是相同的。

關於死後的世界，我在眾多著作中有詳盡的說明。我的代表作品

《太陽之法》、《黃金之法》、《永遠之法》（中文版皆為台灣幸福科學出版）的三部作品當中，特別是《永遠之法》明確地說明了靈性世界的構造。

明確地描述死後的旅程、天國與地獄樣貌的「靈界導覽書」《永遠之法》（幸福科學出版）。

活著的時候瞭解佛法真理的重要

現代的日本，有一半以上的人死後會墮入地獄。然而，若是我的教義的普及，達到了「所有日本人都曾讀過我的書，或者是曾聽過我的法話、曾參加過幸福科學的講座」的程度的話，墮入地獄的人就會大幅減少，應該就會變成兩三成或一兩成。

更甚至，如果世間眾多人們都讀過好幾本佛法真理書籍，並且實踐其中的教義，努力要讓人們幸福的話，那麼幾乎所有人都不會墮入地獄。

那並非是難以實現的事，那十分簡單，只是價值觀的轉換，抱持信仰心就好了。也就是說，了解到「有佛的存在，人是佛子」，並且實踐佛子應有的人生觀，就不會墮入地獄。這並非是那麼困難的事。

最後十年左右該如何度過？

此外，年過六七十歲，距離平均壽命還有十年左右的人，最後這十年左右的人生態度非常重要。在這段期間，要維持己心的平靜，並且要練習漸漸減少對於世間的執著。

在人生最後十年左右中，心中尚抱持著眾多執著的人，與其說日後會前往地獄，不如說會變成地縛靈或不成佛靈的可能性會非常高。若對於住家、土地、財產、事業、子孫等的執著太多的話，就會妨礙自己回到天國，所以必須要努力每年每年地減少執著。

並且要想「所有的事情皆會逐漸變好」、「我周遭的人們都盡是好人，即便我不在了，他們也一定會好好地努力成長。如果我的任務結束了，我就必須要做好返回靈界的準備。維持己心平靜，反省錯誤的心念和行為，做好死後的準備吧！做好參加來世『入學典禮』的準備吧！」

最後十年左右的時間，若是與家人、朋友或其他人們，有太多人際關係糾葛的話，就有可能妨礙你回到天國，對此必須要留意。為了自己好，還是少一點糾葛會比較好。批評親人、過著被有緣之人嫌棄的生活，這些都是不應該的。

抱持著「何時死去皆無所謂的心境」而過

佛教覺悟的理想是「抱持著『何時死去皆無所謂的心境』而

過」。

釋尊曾反覆地教導人們「這個世間是一個你不知道自己會何時離去的無常世界。但是，離開世間之後，會回到原本的世界，所以你必須抱持著無論何時離去，也不會感到懊悔的人生態度，要捨棄對於世間的執著」。

就算是從釋尊的時代經過了兩千五百年，觀看現在各種各樣的人生於世間，並且死亡離開世間之姿，就會明確地發現到人們對於世間的執著是一大問題。

若是進行「斬斷對於世間的執著，進入安詳的世界」的心靈修行，即能進入涅槃的世界。

然而，沒有進行那般修行的人，必定會對世間產生執著，進而難以順利地回到另一個世界。

世間的人生就如同舞臺戲一般

我曾反覆地和人們說著：「在世間度過的幾十年人生，就像一場短暫的夢，或者像是一個短途旅行。」

人擁有著「永恆的生命」、「不滅的生命」，這生命做為靈魂度過了幾千年、幾萬年，甚至更長的永恆歲月。期間，這靈魂經由雙親之緣，宿於肉體當中轉生於世間，並且又繁衍子孫，屢次地反覆進行靈魂修行。

或許有人會認為，人為何要做如此複雜奇怪的事呢？「靈魂就一直待在靈界生活不就好了嗎？為什麼要刻意寄宿於肉體投胎，度過這世間的人生呢？反正，死後不都要回到靈界嗎？」或許有人對此會感到不可思議。

然而，我做為一個體驗到真實之人，若是簡單地說明轉生輪迴的祕密的話，我認為或許轉生輪迴是佛所發明的最大的幸福論。

人宿於肉體，度過幾十年的人生，具有著某個特定名字，自認為自己是具有著某個名字的固有存在，拚命地度過這一生。但若是從永恆的轉生輪迴的記憶來說，那不過是自己於某時演出某齣戲劇時，所被賦予的角色名字。觀看這永恆的記憶，你便會明白「人會在各種時代中的各個舞台上，化身不同名字的演員演出，並且磨練自身的演技」。

現在你或許轉生為日本人，但上一世你曾轉生為中國人。有時或許曾經身為英國人，或許是美國人、法國人。又或許曾轉生於印度、埃及，甚至或許還曾經轉生在現今已不存在的穆大陸或亞特蘭提斯大陸。

對此請試著於心中描繪，難道你不認為那是一個美好的經驗嗎？不認為那是一個美好的世界嗎？

在各種各樣的文明、文化開花綻放之際，自己曾生於其中、成長、工作、戀愛、結婚、育子、衰老、死去⋯。

雖然年老之後死去是一件非常傷悲之事，但藉此自己又會被賦予下一次的機會。

point

■佛法真理越是廣佈，實踐佛子的人生態度的人越多，死後前往地獄之人就會變少。

■人生最後十年左右的期間，要讓己心安穩，並訓練減少對於世間的執著。

■世間的人生就像是「舞臺」一般。藉由死後回到來世，就會被賦予下一次人生的機會。

終章

首先，從拯救一個人開始

真相，就只有一個。
佛神是真實存在，
靈界也是真實存在。
人是不斷轉生於過去、現在、未來的靈魂，

並且天國和地獄於來世等待著人們。

溫和待人、施愛予人、

嚴以律己、經常反省之人將前往天國；

活在自我欲望當中之人則會墮入地獄。

這就是法則。

對此若是有所覺悟，首先就從拯救一個人開始。

拯救那個你希望能在天國再次相會的人開始。

後記

現今的日本，人們的信仰心淡薄，不相信佛神、靈界的人越來越多。

特別是死後，難以使其回到天國的，就是所謂的左翼唯物論者。沒有比這些「做學問的傻瓜」還難以拯救的了。

此外，還有一些邪教把供養祖先當做「賣點」，將世人所有的不幸都怪罪給祖先沒有回到天國，廣佈著錯誤的信仰。

現今人們需要正確的人生觀、正確的世界觀。

若是能理解幸福科學的真理，讀誦《佛說 正心法語》的話，其拯救陷入迷惑之靈的力量，有著比《般若心經》強一萬倍以上的力量。希望各位讀者務必以正確的方法，引導心愛之人前往天國。

二〇一七年　一月二十四日

幸福科學集團創立者兼總裁　大川隆法

HAPPY SCIENCE

幸福科學集團介紹

幸福科學透過宗教、教育、政治、出版等活動，以實現地球烏托邦為目標。

幸福科學

一九八六年立宗。信仰的對象為地球靈團至高神「愛爾康大靈」。幸福科學信徒廣布於全世界一百六十八個國家以上，為實現「拯救全人類」之尊貴使命，實踐著「愛」、「覺悟」、「建設烏托邦」之教義，奮力傳道。

（二〇二三年一月）

愛

幸福科學所稱之「愛」是指「施愛」。這與佛教的慈悲、佈施的精神相同。信眾透過傳遞佛法真理，為了讓更多的人們能度過幸福人生，努力推動著各種傳道活動。

覺悟

所謂「覺悟」，即是知道自己是佛子。藉由學習佛法真理、精神統一、磨練己心，在獲得智慧解決煩惱的同時，以達到天使、菩薩的境界為目標，齊備能拯救更多人們的力量。

建設烏托邦

我們人類帶著於世間建設理想世界之尊貴使命，而轉生於世間。為了止惡揚善，信眾積極參與著各種弘法活動。

入會介紹

在幸福科學當中，以大川隆法總裁所述說之佛法真理為基礎，學習並實踐著「如何才能變得幸福、如何才能讓他人幸福」。

入會

想試著學習佛法真理的朋友

若是相信並想要學習大川隆法總裁的教義之人，皆可成為幸福科學的會員。入會者可領受《入會版「正心法語」》。

三皈依誓願

想要加深信仰的朋友

想要做為佛弟子加深信仰之人，可在幸福科學各地支部接受皈依佛、法、僧三寶之「三皈依誓願儀式」。三皈依誓願者可領受《佛說・正心法語》、《祈願文①》、《祈願文②》、《向愛爾康大靈的祈禱》。

幸福科學於各地支部、據點每週皆舉行各種法話學習會、佛法真理講座、經典讀書會等活動，歡迎各地朋友前來參加，亦歡迎前來心靈諮詢。

台北支部精舍
台北市松山區敦化北路
155 巷 89 號
02-2719-9377

台中支部精舍
台中市中區民族路 146 號
04-2223-3777

幸福科學台灣代表處

台北市松山區敦化北路 155 巷 89 號
02-2719-9377
taiwan@happy-science.org
FB：幸福科學台灣

幸福科學馬來西亞代表處

No 22A, Block 2, Jalil Link Jalan Jalil Jaya 2, Bukit Jalil 57000, Kuala Lumpur, Malaysia
+60-3-8998-7877
malaysia@happy-science.org
FB：Happy Science Malaysia

幸福科學新加坡代表處

434 Race Course Road #01-01 Singapore 218680
+65-6837-0777
singapore@happy-science.org
FB：Happy Science Singapore

你不可不知的正確供養方法 引導心愛之人前往天國

正しい供養 まちがった供養 愛するひとを天国に導く方法

作　　者／大川隆法

出版發行／台灣幸福科學出版有限公司
104-029 台北市中山區中山北路三段 49 號 7 樓之 4
電話／ 02-2586-3390　傳真／ 02-2595-4250
信箱／ service@irhpress.tw
法律顧問／第一法律事務所　余淑杏律師

總 經 銷／旭昇圖書有限公司
235-026 新北市中和區中山路二段 352 號 2 樓
電話／ 02-2245-1480　傳真／ 02-2245-1479

幸福科學華語圈各國聯絡處／
台　　灣 taiwan@happy-science.org
地址：台北市松山區敦化北路 155 巷 89 號（台灣代表處）
電話：02-2719-9377
FB 粉絲頁：幸福科學－台灣
新 加 坡 singapore@happy-science.org
馬來西亞 malaysia@happy-science.org
泰　　國 bangkok@happy-science.org
澳　　洲 sydney@happy-science.org

書　　號／978-626-7302-02-6
初　　版／2023 年 5 月
定　　價／380 元

國家圖書館出版品預行編目 (CIP) 資料

你不可不知的正確供養方法：引導心愛之人前往天國／大川隆法作. -- 初版. -- 臺北市：台灣幸福科學出版有限公司，2023.05
176 面；14.8×21 公分
譯自：正しい供養 まちがった供養　愛するひとを天国に導く方法
ISBN 978-626-7302-02-6（平裝）
1. CST：新興宗教
226.8　　112004900

插圖：YUKIYAMA
photo : ©J BOY-Fotolia

廣告回信
台北郵局登記證
台北廣字第5433號
平信

IRH Press Taiwan Co., Ltd.
台灣幸福科學出版有限公司

104-029 台北市中山區中山北路三段49號7樓之4
台灣幸福科學出版　編輯部　收

請沿此線撕下對折後寄回或傳真，謝謝您寶貴的意見！

大川隆法
Ryuho Okawa

你不可不知的正確供養方法

引導心愛之人前往天國

台灣幸福科學出版有限公司

你不可不知的正確供養方法
讀者專用回函

非常感謝您購買《你不可不知的正確供養方法》一書，
敬請回答下列問題，我們將不定期舉辦抽獎，
中獎者將致贈本公司出版的書籍刊物等禮物！

讀者個人資料　　**※本個資僅供公司內部讀者資料建檔使用，敬請放心。**

1. 姓名：　　　　　　　　　　性別：☐男　☐女
2. 出生年月日：西元　　　　年　　　　月　　　　日
3. 聯絡電話：
4. 電子信箱：
5. 通訊地址：☐☐☐-☐☐
6. 學歷：☐國小 ☐國中 ☐高中／職 ☐五專 ☐二／四技 ☐大學 ☐研究所 ☐其他
7. 職業：☐學生 ☐軍 ☐公 ☐教 ☐工 ☐商 ☐自由業☐資訊 ☐服務 ☐傳播 ☐出版 ☐金融 ☐其他
8. 您所購書的地點及店名：
9. 是否願意收到新書資訊：☐願意　☐不願意

購書資訊：

1. 您從何處得知本書的訊息：（可複選）☐網路書店　☐逛書局時看到新書　☐雜誌介紹
   ☐廣告宣傳　☐親友推薦　☐幸福科學的其他出版品　☐其他
2. 購買本書的原因：（可複選）☐喜歡本書的主題　☐喜歡封面及簡介　☐廣告宣傳
   ☐親友推薦　☐是作者的忠實讀者　☐其他
3. 本書售價：☐很貴　☐合理　☐便宜　☐其他
4. 本書內容：☐豐富　☐普通　☐還需加強　☐其他
5. 對本書的建議及讀後感
6. 盼望您能寫下對本公司的期望、建議…等等。

IRH Press Taiwan Co., Ltd.
台灣幸福科學出版有限公司